Nicht ein Jeder
ist dafür geeignet
im Flachland
zu leben.
Ich persönlich ziehe
die Hügellandschaft vor.
Berg- und Talfahrten
bestimmen somit
mein Leben.
Das habe ich so entschieden.

*Wenn ich warte, bis der andere
etwas ändert,
bin ich vom anderen
abhängig.*

Abhängigkeitsfalle

*Ich kann selbst
etwas ändern, wenn es mir
nicht gefällt wie es ist.*

Unabhängigkeit

Ich höre mich
manchmal Dinge
sagen......

über die ich selbst
staune......

weil ich doch ganz
was anderes gedacht
habe.

Wer will es
schon leicht
haben,
wenn er auch
glücklich sein
kann?

Ich fühle mich
großartig!
Mir geht es so
richtig gut!

Das macht
doch nichts!!

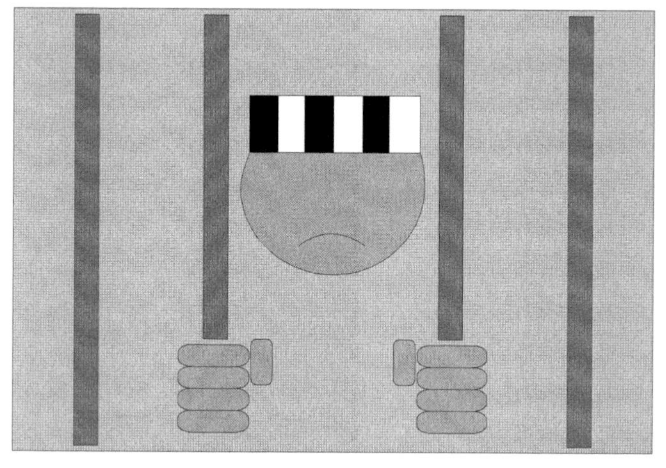

Ich bin nicht
bereit, eine Gefangene
meiner Ängste zu sein.
Ich befreie mich von meinen
Fesseln. Diese Entscheidung
habe ich getroffen.

**Solange das Publikum
klatscht und Zugabe ruft,
wird sich der Star
auf der Bühne
nicht verabschieden.**

**So ist es auch mit der
Angst, wenn Ihr zuviel
Aufmerksamkeit
geschenkt wird,
bleibt Sie.**

ANSTATT
ZU MIR
ZUSTEHEN-
STEHE
ICH OFT
NEBEN MIR

Ich habe die Freiheit
Dinge zu tun,
die ich jedoch nicht tue,
gerade,
weil ich sie tun könnte!!

Gerade, weil ich die
Freiheit habe,
jederzeit zu gehen,
kann ich auch bleiben.

Angst vor Bestrafung ist
der Kindheit zuzuordnen.

Daran darf sich jeder erinnern.

Keiner ist jedoch verpflichtet
den Sprung in die Kindheit
zurück zu machen.

Keiner muß diese Rückreise
antreten.

Keiner muß schrumpfen,
wenn sich ein "Gegenüber"
als "Herrscher" aufspielt.

Keiner, der erwachsen ist.

**Ist es sinnvoll
mehr desselben zu tun,
das zu**

NICHTS

**geführt hat?
Auch wenn ich
schon viel investiert habe**

**.......
Muß ich an dieser Stelle
damit aufhören!!!**

Meine Gedanken sind sehr
machtvolle Instrumente -
ebenso wie ein Auto ein
machtvolles Instrument ist.
Ohne Führerschein jedoch
nicht vorn nutzen - kann es
sogar schlimmes anrichten.
Ich erwerbe den Führerschein
um meine machtvollen
Gedanken so einzusetzen, daß
Sie mir
helfen und nicht gegen mich
arbeiten

*Man kann sich
darauf verlassen -
es geht nur bis zum
Gipfel -
danach geht es wieder
runter.*

Ich bin eine starke Persönlichkeit
und daher gewöhnt,
die Dinge durch Einsatz meiner vielen
Möglichkeiten zu verändern.

Mein schwerster Lernschritt besteht darin
das Unabänderliche anzunehmen.
Schmerzen, Krankheit, und schließlich den
Tod.

Mein zweitschwerster Lernschritt
besteht darin,
dennoch darin fortzufahren
die unwesentlichen Dinge ernst zu nehmen,
und wenn nötig meinen Einsatz zu
erbringen,
in dem Wissen,
den wesentlichen Dingen so ohnmächtig
gegenüber zu stehen.

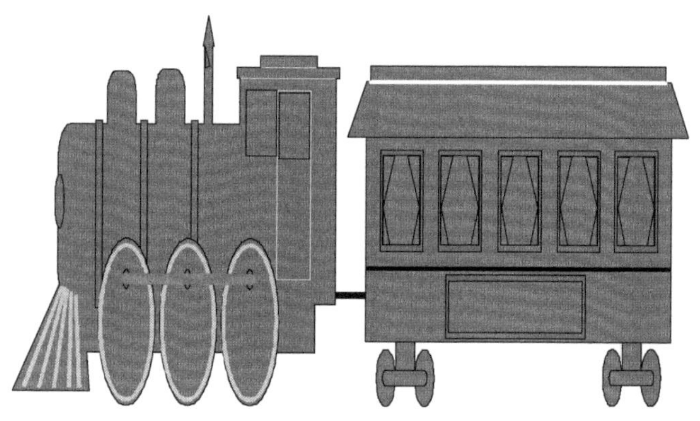

**Eine Lokomotive ist
eine Lokomotive
und kein Anhänger.
Es wäre eine verkehrte Welt,
wenn die
Lokomotive zum Anhänger
würde, und der
Anhänger zur Lokomotive.**

**Was bist Du?
Lokomotive oder Anhänger?**

**Die ganze Wahrheit
besteht
aus vielen einzelnen
Wahrheiten,
von denen
jede einzelne wahr ist,
ohne jedoch
mit der anderen
übereinzustimmen.**

Selbst, wenn ich mit ein paar
Verwirrten lebe, die ihre Regeln
predigen........

Was macht das schon!
Ich muß die Verwirrung nicht
teilen.

Ich habe meine eigenen Regeln!

Nur niemals zu früh
in Panik geraten!!

Denn dazu
bleibt immer noch Zeit!

**Ich kann die Vergangenheit
nicht ändern.**

**Das einzige, was änderbar
ist,
ist die Wirkung,
die die Vergangenheit
noch in der Gegenwart
auf mich hat.**

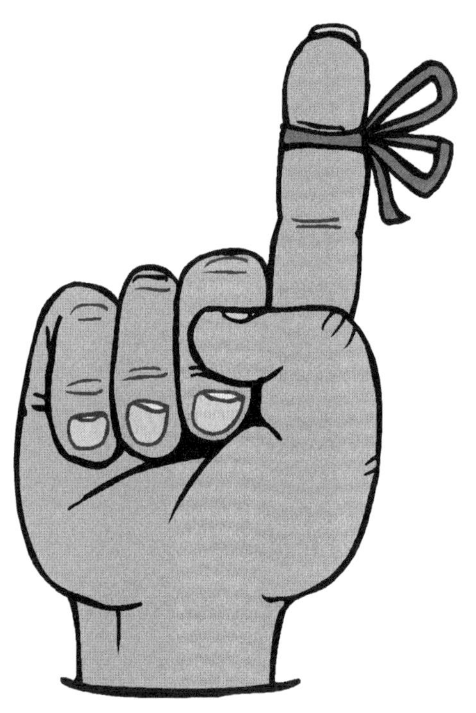

*All zu oft
kreide ich
Dir
meine Fehler
als
Deine Fehler
an*

*Um etwas zu ändern
mußt Du Dich dem
Problem stellen und*

nicht

*vor dem Problem
davon laufen*

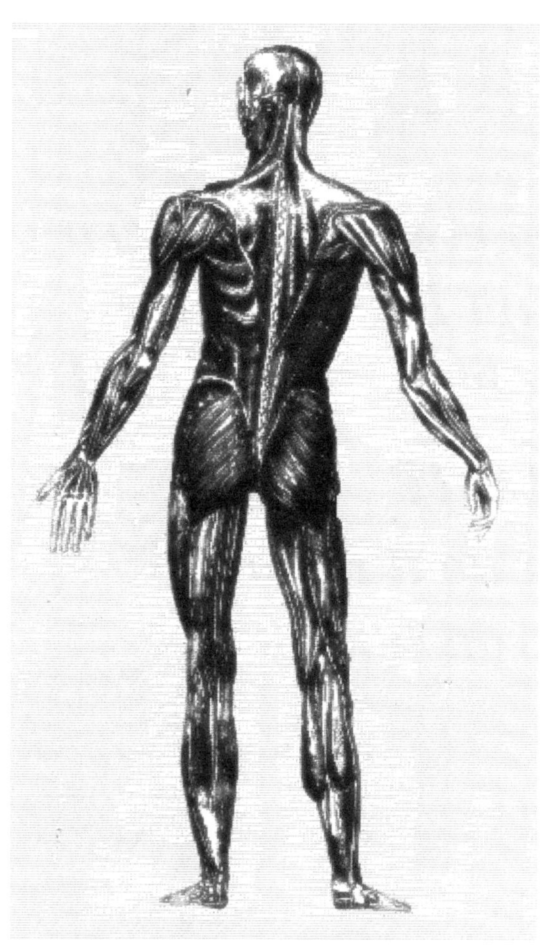

Der Geist macht ganz viel
aus dem, was der Körper
so ständig spüren läßt.
Es liegt an mir,
in welche Richtung ich den
Geist lenke!!

Ich bin das was ich bin.
Ich kann damit aufhören,
ständig unter Streß zu stehen.

Ich bin was ich bin,
ich bleibe was ich bin
und
das ist gut so.

Man muß sein Leben nicht nachträglich korrigieren

*Nur **ich** entscheide,
was für mich richtig ist.*

*__Ich__ brauche nicht
nach den Regeln Anderer
zu leben.*

*__Ich__ habe meine eigenen
Regeln*

*Ein Revolutionär
ist nicht frei -
Ein Revolutionär
ist dazu gezwungen
das Gegenteil zu tun!!*

*Ich gebe keine
weiteren Kredite*

- denn -

*eine Rückzahlung
ist bislang nicht erfolgt.*

Bevor aus einem

Schneeball

eine Lawine wird,

werfe

ich ihn weg!

lassen -
nicht nur ein Wort........

los lassen
zu lassen
weg lassen
offen lassen
da lassen
in Ruhe lassen
sein lassen
frei lassen
gehen lassen.......

*Intellektuell neue Ansichten
zu erlangen
ist jederzeit möglich.*

*Emotionen
zu einer Sache
zu ändern ist
bedeutend schwerer.*

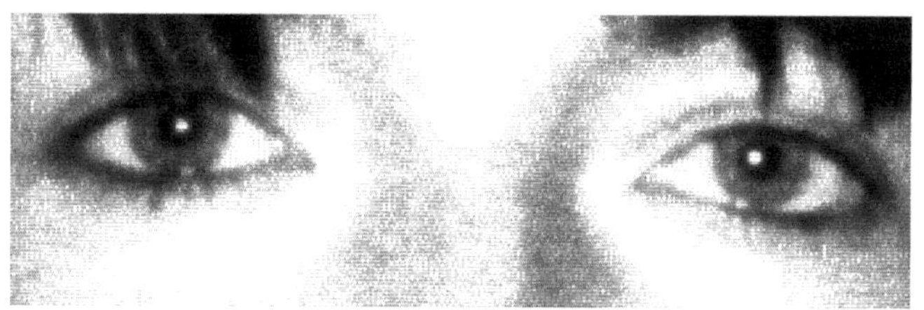

Mit Deinen Augen
sehe ich gar nichts.

Nur mit meinen Augen
kann ich die Dinge
sehen,
wie Sie für mich sind.

**Auch Du mußt nicht
päpstlicher sein als
der Papst!!**

**Wir haben einen Papst und
das
ist mehr als wir brauchen!!**

.... da kenn' ich mich selbst
aber besser.......

was Du da sagst, das
verstehe ich nicht und ich
brauche es auch nicht
verstehen.

Während ich darauf warte,
große Dinge zu erleben.....

entgeht mir oft das
Wesentliche -
nämlich, die angenehmen
Kleinigkeiten,
die das Leben täglich bietet,
zu genießen.

**Meine Wut auf Dich
ist oft größer,
als die Liebe zu mir
selbst!**

**Indem ich Dir weh tue,
schade ich mir selbst
am meisten.**

Na, hast Du das
Schreckgespenst wieder
aufgeblasen?

Das mußt Du Dir doch nicht antun!

Blas einfach nicht!

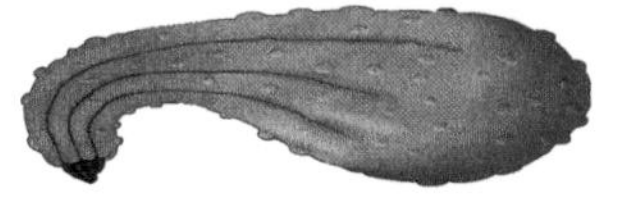

GOTT - SEI - DANK
MUß ICH NICHT
IMMER
RECHT BEHALTEN!!

Herstellung: Libri Books on Demand